LE SUPER LIVRE DE MES 10 ANS

Pour une année vraiment super !

Sophie Blitman

DEUX COQS D'OR

SOMMAIRE

CHAPITRE 1
EXPLORE LE MONDE .... P. 11

CHAPITRE 2
ÉPATE TES COPAINS .... P. 33

CHAPITRE 3
QUESTIONNE LA SOCIÉTÉ .... P. 51

CHAPITRE 4
FAIS-LE TOI-MÊME
AU FIL DES SAISONS .... P. 63

CHAPITRE 5
IMAGINE, RÊVE .... P. 83

SOMMAIRE THÉMATIQUE

INFOS

ACTIVITÉS

JEUX ET QUIZ

Recettes

LUC & NINA EN BULLES

VITE, UNE SUPER ANNÉE T'ATTEND !

10 ans : voilà un nombre tout rond
qui te fait entrer dans les âges à deux chiffres, et pour longtemps !

La petite enfance est derrière toi, l'adolescence juste devant.
Entre les deux, profite de tes 10 ans pour découvrir le monde et le questionner, rire avec tes amis, mais aussi expérimenter, créer et rêver.

Luc et Nina vont t'accompagner au fil des mois, avec ce livre
que tu peux ouvrir, fermer et rouvrir à ta guise, selon tes envies.

Qu'il s'agisse de te familiariser avec les robots ou de comprendre le réchauffement climatique, de cuisiner ou de bricoler, de résoudre des énigmes ou de faire des blagues, de trouver des idées de films ou de t'interroger sur l'usage du portable,
ce super livre est plein de ressources !

1

EXPLORE LE MONDE

INFOS

LA FORMATION DE LA TERRE

Il y a 300 millions d'années, la Terre ne comptait qu'un seul continent, appelé la Pangée, un mot qui signifie « toutes les terres » en latin et grec. Ce continent était entouré d'un océan lui aussi unique : la Panthalassa (« toutes les mers »).

Et les dinosaures, où vivaient-ils ?

Partout ! En effet, les dinosaures, qui peuplaient la Terre il y a environ 230 millions d'années, pouvaient se déplacer d'un bout à l'autre de la planète, sans être bloqués par un océan.

L'HOMME EN QUESTIONS

Est-il vrai que l'homme « descend » du singe ?

Non, il s'agit d'un raccourci inexact. L'homme et les singes actuels possèdent un ancêtre commun mais ils ont évolué d'une manière différente. Ils sont donc des cousins très éloignés.

Quand sont apparus les premiers hommes ?

Il y a 2,8 millions d'années, en Afrique de l'Est : c'est là qu'ont été retrouvés les plus anciens fossiles de l'espèce Homo. Mais nos ancêtres directs, les *Homo sapiens,* ne sont apparus qu'il y a 300 000 ans.

Sous l'effet des mouvements profonds de la Terre (la tectonique des plaques), **ce supercontinent s'est peu à peu morcelé.** Il y a 200 millions d'années, il s'est brisé en deux parties : Laurasie au nord et Gondwana au sud. Puis chacune de ces plaques s'est à son tour divisée, jusqu'à former les six continents actuels (Europe, Asie, Afrique, Amérique, Océanie et Antarctique).

! **On dit qu'il y a 6 continents : l'Europe, l'Asie, l'Afrique, l'Amérique, l'Antarctique et l'Océanie. Certains considèrent qu'il n'y en a que 5 : l'Europe, l'Afrique, l'Amérique, l'Asie et l'Océanie ; d'autres 7 : l'Europe, l'Asie, l'Afrique, l'Amérique du Sud, l'Amérique du Nord, l'Antarctique et l'Océanie.**

Pourquoi les hommes ont-ils des couleurs de peau différentes ?

Si nous sommes tous des descendants des *Homo sapiens*, **la couleur de la peau des différents peuples a évolué pour s'adapter au climat sous lequel ils vivaient :** plus foncée dans les régions très ensoleillées, elle s'est éclaircie dans les contrées plus froides.

TU VEUX EN SAVOIR PLUS ?

REGARDE ***L'Odyssée de l'espèce (2003), Homo sapiens (2005)*** **et** ***Le Sacre de l'homme (2007)*** **: ces trois documentaires de Jacques Malaterre te transporteront des millions d'années en arrière.**
VISITE des lieux consacrés à la préhistoire, un peu partout en France : la réplique de la Grotte de Lascaux (Lascaux 4) en Dordogne, la Grande galerie de l'Évolution à Paris, Paléopolis dans l'Allier, le parc de Samara dans la Somme…

CRÉE TON ARBRE GÉNÉALOGIQUE

1 Dessine sur une grande feuille l'arbre qui va représenter ta famille : commence par les branches, puis ajoute le feuillage.

2 Sur une autre feuille, trace et découpe des cercles dans lesquels tu inscris ton nom (tu peux aussi coller une photo de toi), puis celui de tes parents, de tes grands-parents et de tes frères et sœurs si tu en as. Tu peux aussi coller une photo d'eux ou bien essayer de les dessiner.

3 Colle le cercle qui te représente sur le tronc, au milieu. Pour placer les membres de ta famille, tu dois respecter cette règle : les personnes de la même génération se situent sur la même ligne, et l'on remonte d'un cran à chaque génération. À côté de toi, à la même hauteur, colle donc les cercles représentant tes frères et sœurs, et trace un trait horizontal qui vous relie les uns aux autres. Au-dessus de toi, place ta mère et ton père, chacun d'un côté de l'arbre. Trace les traits qui te relient à eux.

4 Au tour de tes grands-parents maintenant ! Tous les quatre sont sur la même ligne : les maternels au-dessus de ta mère, les paternels au-dessus de ton père.

5 Tu peux aussi fabriquer d'autres cercles pour représenter tes oncles et tantes, ainsi que tes cousins et cousines, éventuellement tes arrière-grands-parents.
Si tu as des doutes, n'hésite pas à demander à tes parents de t'aider ! Place ensuite tout le monde sur l'arbre. N'oublie pas : les frères et sœurs doivent être sur la même ligne et les parents au-dessus des enfants.

6 **Montre ton arbre à tes parents qui auront sûrement des anecdotes à te raconter. La généalogie, c'est aussi l'occasion d'apprendre plein de choses sur sa famille !**

TON MATÉRIEL

- **Deux grandes feuilles de papier**
- **Des crayons de couleur ou des feutres**
- **Une règle**
- **Des ciseaux**
- **De la colle**

LES GRANDS

Voici six explorateurs célèbres. Associe à chacun d'entre eux son voyage et sa découverte.

1

Marco Polo
(1254-1324)

2

James Cook
(1728-1779)

3

Vasco de Gama
(1469-1524)

A

Il a découvert le fleuve Saint-Laurent et le Québec, au Canada, où il effectuera trois voyages. Il réalise ainsi des cartes très précises de cette région.

B

Il pensait avoir atteint l'Asie et le voilà qui débarque en Amérique ! C'est cette confusion qui explique que les habitants de ce « Nouveau Monde » ont été appelés Indiens.

C

À l'origine du premier tour du monde en bateau, il meurt au cours de l'expédition mais donne son nom à un détroit en Amérique latine, au sud du Chili.

EXPLORATEURS

À CHACUN SON VOYAGE !

4

Fernand de Magellan
(1480-1521)

5

Christophe Colomb
(1451-1506)

6

Jacques Cartier
(1491-1557)

D

Ses voyages à travers l'océan Pacifique l'emmènent sur la côte est de l'Australie, en Nouvelle-Calédonie, à Hawaï et en Nouvelle-Zélande. Il est aussi le premier Européen à descendre jusqu'en Antarctique.

E

Lui a bel et bien trouvé la route de l'Inde : il est même le premier navigateur européen à y accoster, après avoir contourné l'Afrique par le cap de Bonne Espérance, tout au sud du continent.

F

À seulement 17 ans, il effectue un voyage de 24 ans qui le conduit d'Italie en Chine. À son retour, il raconte ses découvertes dans *Le Livre des merveilles*.

Réponses p.92

INFOS

LE MONDE D'AUJOURD'HUI

Nous sommes aujourd'hui plus de 7,5 milliards d'habitants sur Terre.
Alors que la population mondiale gagne environ 89 millions d'habitants par an, elle pourrait atteindre les 10 milliards en 2050.

197
C'est le nombre de pays dans le monde.

7 000 langues sont parlées dans le monde. Si le mandarin (chinois) est celle parlée par le plus grand nombre de personnes (à commencer par le milliard d'habitants que compte la Chine), c'est l'anglais qui est considéré comme la langue la plus utilisée, notamment parce qu'il s'agit de la langue officielle de 75 pays. Viennent ensuite l'espagnol et l'arabe, puis le français qui arrive en 5e position.

8 848 mètres

C'est l'altitude de l'Everest, une montagne de l'Himalaya en Asie qui constitue le point culminant de notre planète.

Près des 3/4 de la surface de la Terre sont recouverts d'eau.

VIVRE EN SOCIÉTÉ

C'est quoi la politique ?

La politique est la manière dont est dirigée une société, grâce notamment à des lois qui organisent les relations entre les personnes et déterminent ce que l'on a droit de faire et ce qui est interdit. Les lois concernent des sujets très variés : la vitesse maximale autorisée sur la route, le fonctionnement des hôpitaux, les programmes scolaires...

Et la démocratie ?

Il s'agit d'un type particulier de système politique dans lequel le peuple a le pouvoir. Mais comme on ne peut pas demander en permanence son avis à chacun, on organise des élections pour que le peuple élise ses représentants (les maires, les députés, le président de la République...) : ce sont eux qui prennent les décisions.

C'est quoi la laïcité ?

La laïcité est une façon d'organiser la société en séparant clairement l'État, chargé de gouverner le pays, et la religion, qui est une affaire privée. En France, la loi de 1905 permet à chacun de vivre selon ses croyances, tout en respectant celles des autres.

DRAPEAUX EN

Ils se ressemblent parfois beaucoup ! Sauras-tu reconnaître à quels pays appartiennent ces drapeaux ?

Allemagne / Belgique

Australie / Royaume-Uni

Finlande / Grèce

Afrique du Sud / Jamaïque

FOLIE

Suisse / Turquie

Canada / Japon

Pays-Bas / Russie

Chine / Viêt Nam

Brésil / Portugal

Autriche / Pérou

CUISINE DU MONDE

RECETTES À PRÉPARER AVEC L'AIDE D'UN ADULTE !

Envie d'évasion sans quitter ta cuisine ? Pars en voyage avec ces recettes des quatre coins du monde !

– APÉRO MEXICAIN –

Guacamole

PRÉPARATION : 15 min

INGRÉDIENTS (pour 8 personnes) :

- 4 avocats mûrs
- 1 tomate bien mûre aussi
- 2 oignons
- 1 citron
- 4 cuillères à soupe d'huile d'olive
- une pincée de sel
- des chips tortillas

Épluche les oignons et coupe-les en petits morceaux.

Presse le jus de citron.

Coupe la tomate en petits dés.

Coupe les avocats en deux, retire le noyau et récupère la chair.

Mélange tous les ingrédients (sans oublier l'huile et le sel) à l'aide d'un blender ou écrase-les bien avec une fourchette (dans ce cas, les oignons doivent être coupés très finement).

Ça y est, ton guacamole est prêt ! Tu n'as plus qu'à le mettre au réfrigérateur avant de le servir, accompagné de chips tortillas.

– TARTINE À LA SUÉDOISE –

Le toast skagen

PRÉPARATION : 20 min

INGRÉDIENTS
(pour 5 personnes) :

- 5 tranches de pain de mie ou de campagne
- 400 g de crevettes roses décortiquées
- 1 concombre
- 2 cuillères à soupe de crème fraîche
- 5 brins daneth
- 2 cuillères à soupe dœufs de lump (ou de saumon)

Épluche et coupe le concombre en rondelles.

Fais griller les tranches de pain et tartine-les de crème fraîche.

Pose les crevettes et les rondelles de concombre dessus.

Décore la tartine avec un brin d'aneth et un peu d'œufs de lump ou de saumon. Il n'y a plus qu'à déguster les tartines !

– DESSERT MAROCAIN –

Salade d'oranges

PRÉPARATION : 15 min
RÉFRIGÉRATION : 30 min

INGRÉDIENTS
(pour 6 personnes) :

- 7 oranges
- 1 cuillère à café de cannelle
- 3 cuillères à soupe de sucre roux ou cassonade
- du sucre glace
- quelques feuilles de menthe

Presse une orange. Ajoute le sucre roux et la cannelle puis fais chauffer ce mélange dans une casserole. Dès qu'il bout, arrête le feu et laisse le jus refroidir.

Pendant ce temps, épluche les 6 oranges restantes : coupe les deux extrémités et retire la peau. Élimine ensuite le zeste (la partie blanche) et coupe les oranges en fines tranches puis étale-les sur une assiette.

Verse le jus sur les oranges et recouvre l'assiette d'un film plastique avant de la mettre au réfrigérateur au moins 30 minutes.

Juste avant de servir, saupoudre les fruits de sucre glace et décore ton dessert de feuilles de menthe. Miam !

AU SECOURS, LA TERRE A CHAUD !

Depuis un siècle, la température moyenne de la Terre a augmenté d'environ 1 °C et d'après les scientifiques, elle devrait encore gagner 4 à 5 °C dans les 100 prochaines années. Si le climat a naturellement connu de grandes variations depuis la préhistoire, le réchauffement actuel est surtout dû à des activités humaines : les usines, les voitures ou encore l'agriculture intensive émettent des gaz dits à effet de serre (comme le CO_2) qui empêchent la chaleur de s'évacuer dans l'atmosphère.

Oui, parce que l'équilibre global de notre planète est menacé. Les phénomènes extrêmes s'accentuent : dans les régions sèches, les déserts s'étendent tandis que dans les régions humides, les inondations sont plus fréquentes. Et du côté des pôles, la banquise fond, ce qui menace certains animaux comme les ours polaires et les manchots.

En décembre 2015, 195 pays se sont engagés à réduire leurs émissions de gaz à effet de serre afin d'essayer de limiter la hausse de la température à moins de 2 °C. Cependant, le président américain Donald Trump a annoncé en juin 2017 que les États-Unis se retiraient de cet « accord de Paris » alors qu'ils sont le 2e plus gros émetteur de gaz à effet de serre après la Chine.

5 GESTES CITOYENS POUR PRÉSERVER LA PLANÈTE

Toi aussi, à ton échelle, tu peux agir en t'efforçant d'avoir au quotidien un comportement éco-responsable.

1. Prends des **douches** plutôt que des bains et ne reste pas des heures dessous !

2. **Éteins la lumière** quand tu sors d'une pièce et ne laisse pas la porte du réfrigérateur ouverte trop longtemps : tu réduiras la consommation d'énergie, et la facture de tes parents !

3. **Trie tes déchets** et jette-les dans la bonne poubelle (jaune, bleue, verte...) pour faciliter leur recyclage.

4. **Tape directement une url dans la barre d'adresses** (quand tu la connais bien sûr !) au lieu de faire une recherche Google qui est très énergivore.

5. **Partage ces conseils avec ta famille et tes copains :** plus nous serons nombreux à faire des efforts, plus l'impact global sera important !

EXPÉRIENCES POUR ÉCOLOS EN HERBE

TON MATÉRIEL

- Deux thermomètres
- Un sac en plastique transparent (type sac congélation)

1 SIMULE L'EFFET DE SERRE

Place un thermomètre dehors au soleil. Mets le second thermomètre à l'intérieur du sac plastique et pose-le à côté du premier thermomètre.
Attends une heure (en continuant, par exemple à lire ce livre !).

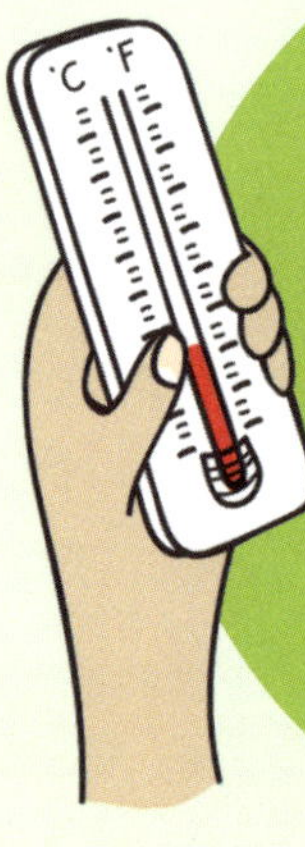

QU'OBSERVES-TU ?

Relève la température.
Les deux thermomètres n'indiquent pas la même température : celui placé à l'intérieur du sac en plastique donne une température plus élevée que l'autre.

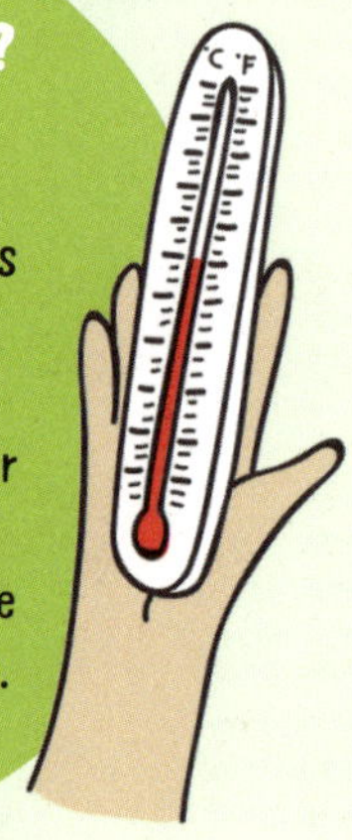

POURQUOI ?

Les rayons du soleil qui traversent le sac en plastique restent en partie emprisonnés à l'intérieur du sac et font monter la température : il s'agit là d'un effet de serre miniature.

ET ALORS ?

De la même manière, les rayons du soleil sont piégés dans l'atmosphère (l'équivalent du sac en plastique) à cause des gaz à effet de serre, ce qui provoque le réchauffement de la Terre (le thermomètre).

2 QUESTIONNE LA FONTE DES GLACES

Verse les glaçons dans le verre et remplis celui-ci presque jusqu'en haut. Trace un trait au feutre pour indiquer le niveau de l'eau et attends que les glaçons fondent.

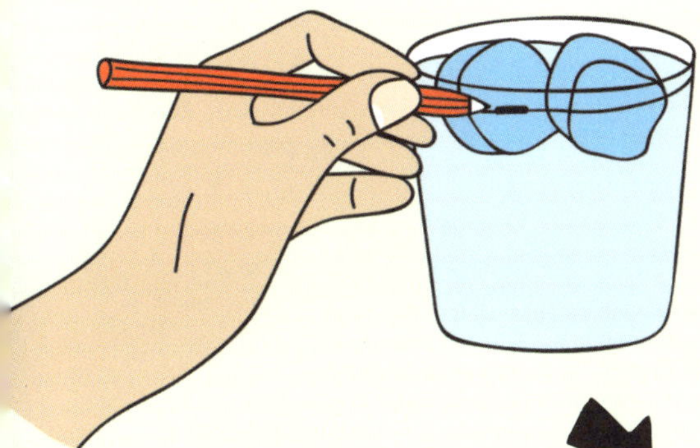

TON MATÉRIEL

- Un verre
- Deux glaçons
- De l'eau
- Un feutre effaçable

QU'OBSERVES-TU ?

L'eau a-t-elle débordé ?
Non ! Contrairement à ce que l'on pouvait penser, le niveau de l'eau reste le même.

POURQUOI ?

Le volume occupé par les glaçons ou par l'eau issue de leur dégel reste le même.
En revanche, si tu refais l'expérience en ajoutant les glaçons après avoir tracé le trait au feutre, tu t'apercevras que le niveau d'eau final dépasse ton trait.

ET ALORS ?

La banquise est constituée d'eau de mer gelée. Lorsqu'elle fond, elle ne fait donc pas augmenter le niveau de la mer.
En revanche, les icebergs qui proviennent de la fonte des glaciers présents sur les continents (y compris en Antarctique, au pôle Sud) sont constitués d'eau douce. Par conséquent, leur fonte, ainsi que celle des glaciers qui se déversent dans les rivières, risque bien, elle, de faire monter le niveau de la mer et de provoquer des inondations.

HOMMES OU ROBOTS ?

Ils peuvent marcher, parler, soulever des charges très lourdes, faire le ménage, danser et même jouer au foot ! Inventés dans les années 1960, les robots sont devenus des machines extrêmement perfectionnées et certains aujourd'hui nous ressemblent de manière troublante. En 2018, l'humanoïde japonaise Erica a présenté un journal télévisé comme une vraie journaliste : capable de répondre à des questions, elle avait les mêmes expressions du visage que celle d'une femme réelle !

Certains craignent que, devenus très intelligents, les robots finissent par se révolter contre les hommes. Cependant, s'ils ont davantage de mémoire et comptent plus vite, leur intelligence reste artificielle : les robots ne sont pas capables de penser ni d'avoir des émotions.

Utiliser les technologies pour augmenter les capacités physiques et mentales des êtres humains : voilà l'objectif des transhumanistes, dont le rêve ultime est de rendre l'homme immortel. Mais ce mouvement pose des questions philosophiques : veut-on vraiment créer des êtres surdoués, qui seraient à la limite de la machine ? Les excès peuvent être dangereux.

CRÉE TES SPACE INVADERS EN POST-IT®

Issus d'un jeu vidéo japonais, les petits personnages des « space invaders » (littéralement « envahisseurs de l'espace ») sont entrés dans la culture populaire et ont notamment inspiré un artiste français de street art (« art de la rue ») qui s'est fait connaître sous le nom d'Invader : depuis la fin des années 1990, il colle ses mosaïques sur les murs des villes du monde entier.

Tu peux toi aussi t'amuser à en fabriquer en reproduisant ces modèles avec quelques post-it® colorés.

À LA CONQUÊTE DE L'ESPACE

4 OCTOBRE 1957

L'Union soviétique envoie dans l'espace le premier satellite artificiel qui se place en orbite autour de la Terre. Son nom ? ***Spoutnik 1***, qui signifie « compagnon » en russe. Ce lancement marque le début de la conquête spatiale.

21 JUILLET 1969

Lors de la mission ***Apollo 11***, les Américains ***Neil Armstrong*** et Edwin Aldrin sont les premiers hommes à marcher sur la Lune.

24 AVRIL 1990

Le télescope spatial ***Hubble*** est lancé dans l'espace. Développé par la Nasa, avec la participation de l'Agence spatiale européenne, il est à l'origine de plus d'1,3 million d'observations de galaxies lointaines, de planètes extrasolaires ou encore de trous noirs.

31 OCTOBRE 2000

Des hommes commencent à vivre en permanence dans l'espace, au sein de ***la Station spatiale internationale (ISS)***, mise en orbite depuis 1998. Résultat de la collaboration de 15 pays, elle fait le tour de la Terre en un peu plus d'une heure et demie. Elle permet aux scientifiques à son bord d'observer l'univers et de mener de multiples expériences (traitement contre le cancer, potager de l'espace...).

6 AOÛT 2012

Le robot ***Curiosity*** se pose sur Mars. Objectif : déterminer si la planète rouge est ou a été habitable. Depuis, les prélèvements et analyses ont montré qu'il y a eu de l'eau douce sur Mars. Mais si la vie y a été possible, cela ne signifie pas que la planète a effectivement été habitée.

ASTRONAUTE, COSMONAUTE OU SPATIONAUTE ?

Dis-moi comment on t'appelle, je te dirai d'où tu viens ! Le nom des voyageurs de l'espace dépend de leur pays d'origine : si le terme astronaute est le plus répandu, il désigne en réalité le membre d'une mission américaine. En Russie, on parle plutôt de cosmonaute, tandis que la France a longtemps utilisé le terme spationaute pour se distinguer de ses concurrents dans la course aux étoiles.

REPÈRE LES CONSTELLATIONS DANS LE CIEL

Associe à chaque dessin le nom de la constellation qu'il représente et découvre ses principales caractéristiques.

A

LA GRANDE OURSE

Avec ses étoiles brillantes, visibles toute l'année dans l'hémisphère Nord, c'est certainement la constellation la plus connue. On l'appelle aussi la « grande casserole » ou le « grand chariot ». D'après la mythologie grecque, elle représenterait Callisto, une nymphe aimée de Zeus qui provoqua la jalousie de Héra.

B

LE CYGNE

Grande et brillante, cette constellation fait référence à Zeus qui s'était métamorphosé en cygne pour séduire Léda. Sa forme particulière lui a aussi valu le nom de « Croix du Nord », par opposition à la « Croix du Sud » qui est la plus petite de toutes les constellations.

C

CASSIOPÉE

Dans la mythologie grecque, Cassiopée était une reine d'Éthiopie très orgueilleuse. Un jour, elle déclencha la colère du dieu de la mer Poséidon en affirmant qu'elle et sa fille Andromède étaient plus belles que les Néréides, les nymphes des eaux. Poséidon envoya alors un monstre marin rôder près des côtes éthiopiennes. Pour éviter que celui-ci ne dévore tous les habitants, le roi et la reine acceptèrent de sacrifier Andromède. La jeune fille fut accrochée à un rocher mais Persée, volant sur son cheval Pégase, la sauva de justesse. La constellation vise à rappeler aux hommes les dangers de l'orgueil.

D

ORION

Ce chasseur géant de la mythologie grecque qui se vantait de pouvoir tuer n'importe quel animal a donné son nom à une constellation. Celle-ci le représente avec sa ceinture, composée de trois étoiles brillantes, et son arc qu'il tient à bout de bras devant lui.

E

LA PETITE OURSE

Composée d'étoiles lointaines peu lumineuses, à l'exception de l'Étoile polaire qui indique le Nord, elle est située à l'extrémité de cette « petite casserole ». Pour la repérer, pars du bord extérieur de la Grande Ourse (à l'opposé de la queue de la casserole) : reporte 5 fois ce segment en direction du haut de la casserole et tu trouveras l'Étoile polaire.

Réponses p.92

2
ÉPATE TES COPAINS

10 DEVINETTES

MYSTÈRE...

QU'EST-CE QUI PEUT FAIRE LE TOUR DU MONDE TOUT EN RESTANT DANS SON COIN ?

Charade d'hiver

Mon premier tient la tête.
Mon deuxième est un mélange de jaune et de bleu.
Mon troisième est plus familier que vous.
Mon quatrième est au bout de la terre.
MON TOUT TIENT BIEN CHAUD !

Sons mêlés

Une contrepèterie consiste à inverser des lettres ou des syllabes dans une expression. **Par exemple, « La Terre est une grande masse » devient « La mer est une grande tasse ».**

Sauras-tu trouver celle-ci ?

QUEL CHAMP DE COTON !

Quelle famille !

MONSIEUR ET MADAME **CÉLAIRE** ONT UN FILS. COMMENT L'APPELLENT-ILS ?

ON NE DIT PAS « LA MAÎTRESSE D'ÉCOLE » MAIS... ?

PLEINES DE MALICE

JE SUIS RÉMI
MAIS JE NE SUIS PAS
RÉMI. QUI SUIS-JE ?

TROUVE LA SUITE !

ROME4 - BERLIN6 - BUDAPEST8
AMSTERDAM ?

☐ 9 ☐ 10 ☐ 12

DEVINE !

QUE FAIT UN HOMME
QUI RENTRE DANS UN CAFÉ ?
ET CELUI QUI RENTRE
DANS UN BAR ?

Quel est
le comble
pour un poisson
rouge ?

Un peu de logique !

COMBIEN DE GOUTTES PEUT-ON METTRE
DANS UN VERRE D'EAU VIDE ?

Réponses p.92

10 MOTS VOYAGEURS

Les langues se transforment au contact les unes des autres, au fil des siècles et au gré des échanges entre les hommes. Concernant le français, on estime qu'environ **1 mot sur 8** vient d'une langue étrangère, et cela concerne tous les domaines !

Des habits multinationaux

D'origine persane, le **pyjama** signifie littéralement « vêtement de jambes », tandis qu'une **jupe** désignait au départ une sorte de toge pour homme, appelée « djubba » en arabe.

Le froid du Nord

Es-tu étonné(e) de savoir que les mots **ski** et **slalom** viennent de Norvège, un pays qui abrite de nombreuses montagnes ?

Miam !

La banane est un terme emprunté au portugais et la framboise à l'allemand. Bien sûr, il y a aussi la pizza italienne et le hamburger anglais, mais ça, tu le savais déjà, non ?

Des trains anglais ?

De très nombreux mots de la langue française sont issus de l'anglais, notamment dans le domaine des transports. C'est le cas, par exemple, de **wagon** et de **rail.**

Haut les mains !

Le pistolet est un mot dérivé du tchèque tandis que le sabre a des racines hongroises.

10 VILLES DU MONDE QUI BATTENT TOUS LES RECORDS

LES PLUS PEUPLÉES

4,2 milliards de personnes vivent aujourd'hui dans des villes, et ce chiffre va continuer à augmenter dans les années à venir : en 2050, le monde devrait compter **6,7 milliards de citadins.**

Voici les 5 villes les plus peuplées du monde.
Sauras-tu dire à quel pays chacune appartient ?

- TOKYO (37 millions d'habitants),
- NEW DELHI (29 millions),
- SHANGHAI (26 millions),
- MEXICO et SÃO PAULO (22 millions).

Réponses p. 92

CELLES QUI ONT LE PLUS DE GRATTE-CIEL

HONG-KONG arrive devant NEW YORK dans cette catégorie !

LES PLUS VISITÉES

BANGKOK et LONDRES accueillent environ **20 millions de touristes** chaque année, suivies de PARIS avec **16 millions.**

10 DATES

52 avant J.-C.

Après la défaite de Vercingétorix face à l'armée de Jules César à Alésia, la Gaule tombe sous le contrôle de l'Empire romain.

843

L'Empire carolingien est divisé en 3 parties qui reviennent aux 3 petits-fils de Charlemagne. C'est ce qu'on appelle « le partage de Verdun », qui donne naissance à la France, l'Italie et l'Allemagne.

1337

Le roi Édouard III d'Angleterre veut s'emparer du trône de France, ce qui déclenche un conflit entre les deux pays : la « Guerre de Cent ans », qui dure en réalité 116 ans puisqu'elle ne s'achève qu'en 1453.

1431

Condamnée pour sorcellerie, Jeanne d'Arc est brûlée vive à Rouen par les Anglais qu'elle avait combattus à la tête de troupes françaises.

QUI ONT MARQUÉ L'HISTOIRE DE FRANCE

1515

Quelques mois après être arrivé sur le trône, François 1er remporte à Marignan une victoire contre les Suisses qui aboutit à la signature d'un accord de « paix perpétuelle ».

1539

Le français devient la langue officielle du royaume à la place du latin. L'ordonnance de Villers-Cotterêts impose qu'il soit désormais utilisé dans tous les textes administratifs et juridiques.

1789

Pendant la Révolution française, la Déclaration des Droits de l'Homme et du Citoyen est adoptée par l'Assemblée constituante. Elle affirme notamment que « les hommes naissent et demeurent libres et égaux en droits. »

1882

Jules Ferry rend l'enseignement gratuit et obligatoire pour les enfants de 6 à 13 ans.

1905

La loi de séparation de l'Église et de l'État est adoptée, instaurant la laïcité en France.

1981

La peine de mort est abolie, à la suite de l'adoption de la loi Badinter à l'Assemblée nationale.

INFOS

LES 10 LIEUX LES PLUS

UN PEU PARTOUT DANS LE MONDE, ON PEUT VISITER DES LIEUX QUI DÉGAGENT UNE ATMOSPHÈRE ÉTRANGE, LIÉE À LEUR PASSÉ OU AUX LÉGENDES QUI LES HABITENT. FRISSONS GARANTIS !

LA VALLÉE DE LA MORT

Située en Californie, cette vaste étendue désertique est l'un des lieux les plus chauds du globe : en 1913, la température est montée jusqu'à 56,7 °C ! Mieux vaut ne pas oublier sa gourde...

LE VOLCAN NYIRAGONGO

Son lac de lave bouillonnante est le plus grand du monde. Situé en République démocratique du Congo, ce volcan est l'un des plus actifs et dangereux de la planète.

LA TOUR DE LONDRES

Parce que de nombreux criminels y ont été exécutés, cette tour serait l'un des endroits les plus hantés au monde.

LES CATACOMBES DE PARIS

Ces galeries souterraines créées à la fin du 18e siècle rassemblent des millions d'ossements humains. Attention à ne pas marcher sur un crâne ni à te perdre dans ce labyrinthe !

EFFRAYANTS DU MONDE

LA FORÊT DE BROCÉLIANDE

Si tu t'aventures sur les traces de la fée Morgane, évite de déranger les créatures mystérieuses et parfois maléfiques qui peuplent cette forêt bretonne.

LE CHÂTEAU DE DRACULA

En plein cœur de la Roumanie, le château de Bran est aujourd'hui un important lieu touristique : c'est là que vivait le célèbre vampire, comte de Dracula, créé par l'écrivain Bram Stoker. Certains disent que son fantôme rôde encore…

LE LOCH NESS

D'après la légende, ce lac d'Écosse abrite un monstre marin qui noie et dévore les voyageurs. Ne t'approche donc pas trop du bord !

LA PRISON D'ALCATRAZ

Enfermés sur une île au large de San Francisco, certains prisonniers ont tenté de s'en échapper, au péril de leur vie.

LE « LAC DE FEU » NATRON

En Tanzanie, le danger ne vient pas tant de la température (60 °C quand même !) que de la composition chimique de l'eau de ce lac qui est dangereuse : la plupart des animaux qui la touchent en sortent pétrifiés. Gare à ne pas y tremper un orteil !

LE TRIANGLE DES BERMUDES

C'est là, au beau milieu de l'océan Atlantique que de nombreux navires et avions auraient mystérieusement disparu…

10 ANIMAUX VRAIMENT BIZARRES

LE DRAGON DE KOMODO
UN LÉZARD CARNIVORE

Ce grand varan qui vit en Indonésie est un redoutable chasseur, notamment grâce à sa salive mortelle.

L'OKAPI
UN CURIEUX MÉLANGE

Avec ses pattes rayées, son corps uni et son long cou, il fait penser à la fois au zèbre et à l'antilope mais il est de la famille de la girafe ! Ne vivant qu'au Congo, il est aujourd'hui en voie de disparition.

LA PIEUVRE MIMÉTIQUE
REINE DU CAMOUFLAGE

Elle rassemble ou au contraire étale ses tentacules, tord son corps, change de couleur et hop ! La voilà qui ressemble à un serpent de mer, à une raie ou à un crabe géant. Une technique imparable pour chasser tranquillement et échapper à ses prédateurs.

LE NARVAL
OU LA « LICORNE DES MERS »

Ce cétacé de l'océan Arctique tient son surnom de son impressionnante corne en spirale qui mesure de 2 à 3 mètres ! Si on a pu lui attribuer des pouvoirs magiques, il ne s'agit en réalité que d'une dent très longue.

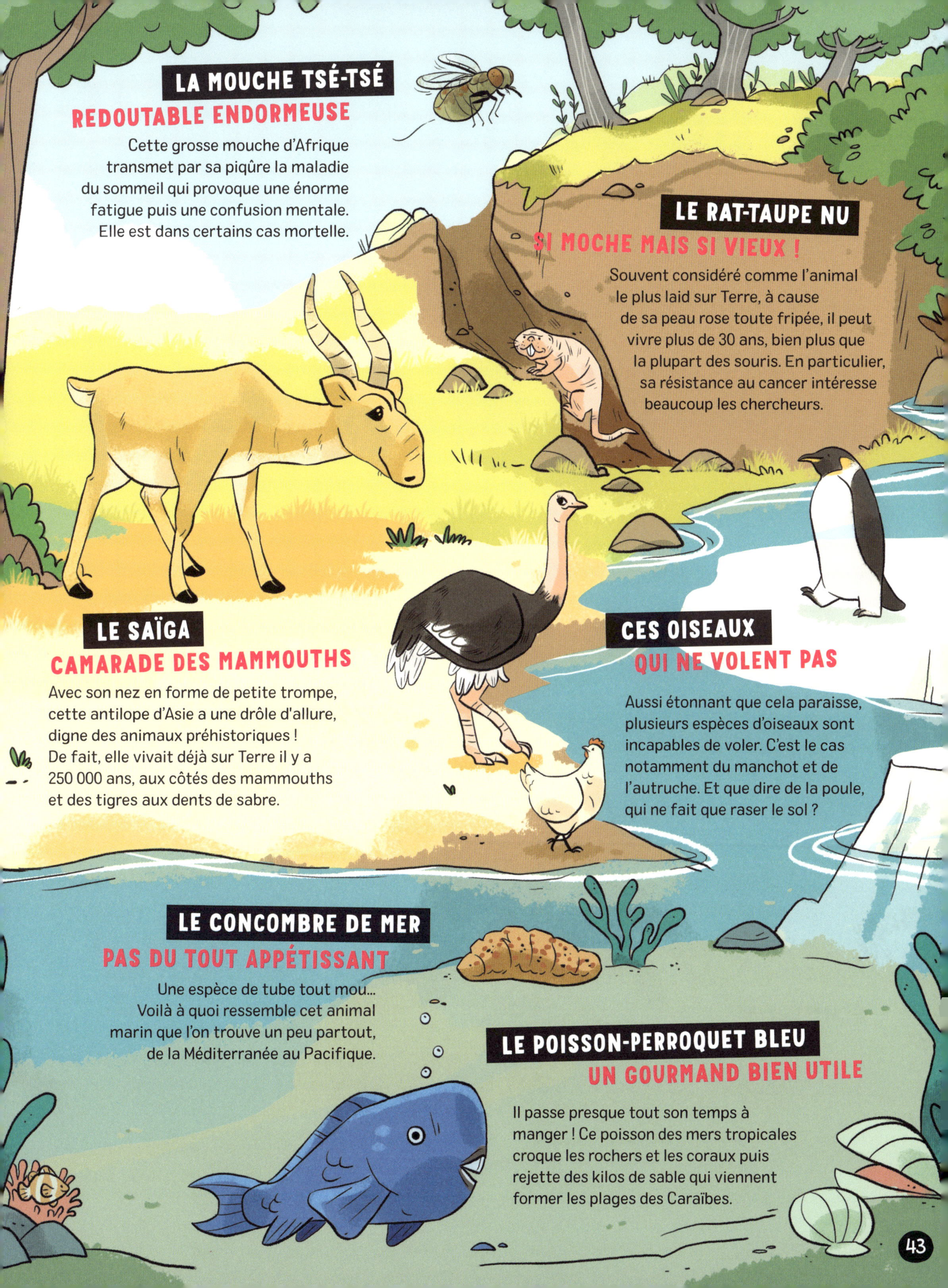

LA MOUCHE TSÉ-TSÉ

REDOUTABLE ENDORMEUSE

Cette grosse mouche d'Afrique transmet par sa piqûre la maladie du sommeil qui provoque une énorme fatigue puis une confusion mentale. Elle est dans certains cas mortelle.

LE RAT-TAUPE NU

SI MOCHE MAIS SI VIEUX !

Souvent considéré comme l'animal le plus laid sur Terre, à cause de sa peau rose toute fripée, il peut vivre plus de 30 ans, bien plus que la plupart des souris. En particulier, sa résistance au cancer intéresse beaucoup les chercheurs.

LE SAÏGA

CAMARADE DES MAMMOUTHS

Avec son nez en forme de petite trompe, cette antilope d'Asie a une drôle d'allure, digne des animaux préhistoriques ! De fait, elle vivait déjà sur Terre il y a 250 000 ans, aux côtés des mammouths et des tigres aux dents de sabre.

CES OISEAUX

QUI NE VOLENT PAS

Aussi étonnant que cela paraisse, plusieurs espèces d'oiseaux sont incapables de voler. C'est le cas notamment du manchot et de l'autruche. Et que dire de la poule, qui ne fait que raser le sol ?

LE CONCOMBRE DE MER

PAS DU TOUT APPÉTISSANT

Une espèce de tube tout mou... Voilà à quoi ressemble cet animal marin que l'on trouve un peu partout, de la Méditerranée au Pacifique.

LE POISSON-PERROQUET BLEU

UN GOURMAND BIEN UTILE

Il passe presque tout son temps à manger ! Ce poisson des mers tropicales croque les rochers et les coraux puis rejette des kilos de sable qui viennent former les plages des Caraïbes.

10 DÉFIS RIGOLOS

On mélange tout !

Une anagramme est un mot formé avec les lettres d'un autre mot.
Sauras-tu retrouver les 3 mots que l'on peut former avec les lettres C - E - N - A - R ?

Réponse : ÉCRAN, NACRE, CRÂNE.

QUÈSACO ?

Quelle langue étrangère as-tu choisie d'apprendre au collège : l'anglais, l'allemand, le chinois ?
Essaie de parler en prenant l'accent de quelqu'un qui viendrait de ce pays !

PLIAGE CASSE-TÊTE

Tu crois que c'est facile de plier 8 fois en deux une feuille de papier ?
Essaie un peu pour voir !

Construis le château de cartes le plus haut possible

Place les cartes deux par deux l'une contre l'autre pour former des triangles. Recouvre ceux-ci de cartes placées à l'horizontale qui formeront le plancher de l'étage suivant.
Combien de rangées réussiras-tu à empiler avant que tout ne s'écroule ?

Répète dix fois de suite, le plus vite possible !

- Panier, piano
- Trois tortues trottaient
  sur trois toits très étroits
- Seize chaises sèches

Au-delà du jeu, ces exercices sont utilisés par des comédiens pour s'entraîner à bien articuler.

GARE AUX FAUSSES NOTES

Écoute dans un casque ton morceau préféré et chante à haute voix en même temps. Enregistre-toi ou demande à un copain ce qu'il en pense... Aïe, aïe, aïe ! En essayant ainsi d'imiter la voix du chanteur, on fait souvent quelques couacs !

GAUCHE OU DROITE ?

Tente d'écrire une phrase avec la main que tu n'utilises pas d'habitude. Difficile, n'est-ce pas ? Certains y arrivent cependant : on dit qu'ils sont **ambidextres**.

TESTE TON ÉQUILIBRE

Essaie de faire un dessin en te tenant debout sur un seul pied.

Résous cette suite logique !

253 donne 13 ; 738 donne 29 ; 951 donne 46
Que donne 822 ?
Tu as trouvé ? Invente à ton tour une suite pour défier tes copains !

Réponse : 18. On multiplie les deux premiers chiffres et on ajoute le troisième.

SPLATCH !

Bois un verre d'eau en posant tes lèvres sur le bord en face du côté où tu bois d'habitude... **sans renverser d'eau !** Pas facile mais très efficace si jamais tu as le hoquet !

10 EXPLOITS SPORTIFS À

DE L'OR, ENCORE DE L'OR, TOUJOURS DE L'OR

28 médailles dont 23 en or : tel est l'impressionnant palmarès du nageur américain **Michael Phelps** aux Jeux olympiques. Côté français, c'est le champion de biathlon **Martin Fourcade** qui arrive en tête, avec **5 médailles d'or aux JO.**

Course éclair

Avec un temps de **9 secondes 58,** le Jamaïcain **Usain Bolt** a été, en 2009, l'homme le plus rapide de la planète.

Allers-retours express

Alpiniste de haut vol, l'Espagnol **Kilian Jornet** a, en 2012, gravi (et redescendu) **deux fois le mont Blanc en moins de 12 heures.**

SOUS LA VAGUE

24,38 mètres de haut : c'est la hauteur de la vague sur laquelle le Brésilien **Rodrigo Koxa** a surfé en novembre 2018, lors d'une compétition au Portugal.

ÇA GLISSE !

Homme et femme, deux Italiens détiennent les records du monde de ski de vitesse : **Ivan Origone** a dévalé une piste à près de 255 km/h en 2016, tandis que **Valentina Greggio** a atteint les 247 km/h.

Et de onze !

En 2018, l'Espagnol **Rafael Nadal** a gagné le tournoi de tennis de **Roland-Garros pour la 11e fois.** Au total, il n'a perdu que 2 matchs sur les 87 qu'il a joués sur terre battue.

10/10

La gymnaste roumaine **Nadia Comăneci** est la première à avoir obtenu cette **note parfaite aux Jeux Olympiques.** C'était en 1976, à Montréal, et elle n'avait que 14 ans.

COUPER LE SOUFFLE !

Londres-Paris à pied, à la nage et à vélo

Courir 140 km, traverser la Manche (40 km) à la nage et pédaler 290 km : à l'été 2018, **Marine Leleu** a été la première Française à relever ce défi. Ce triathlon de l'extrême, appelé Enduroman, a duré près de **70 heures.**

Passe le ballon !

À l'été 2018, le footballeur **Kylian Mbappé** a réussi **32 dribbles.** Un record pour un joueur français en Coupe du monde. Le jeune buteur s'est aussi fait remarquer pour sa vitesse avec des pointes à **37 km/h !**

Tout là-haut dans le ciel

En s'élançant à près de **39 000 mètres d'altitude,** le parachutiste autrichien **Félix Baumgartner** a effectué en 2012 le saut le plus haut du monde.

POURQUOI FEMMES ET HOMMES NE SONT PAS ÉGAUX DANS LE SPORT…

Si les records sportifs des hommes sont supérieurs à ceux des femmes, ce n'est pas que celles-ci sont mauvaises ! Les raisons sont avant tout physiques : naturellement moins musclées, les femmes ont aussi un rythme cardiaque plus élevé, ce qui les rend en moyenne moins résistantes.

10 différences entre

+ DE MONDE

Les collèges sont en général plus grands que les écoles primaires et au début, on peut se sentir un peu perdu, d'autant plus que de « grand(e) CM2 », on devient un(e) « petit(e) 6e »… Mais cette impression passe vite et laisse la place à un agréable sentiment de liberté !

+ DE PROFS

Fini le prof unique qui enseigne à la fois le français, les maths et l'histoire. Chaque collégien a face à lui une dizaine d'enseignants, chacun spécialiste de sa matière. C'est parfois déstabilisant, mais pratique aussi quand on en apprécie moins certains… L'un d'entre eux est le référent, le « prof principal » de la classe.

+ DE SALLES

Les collégiens doivent changer de salle d'un cours à l'autre. Si jamais tu es perdu(e), n'hésite pas à demander ton chemin !

+ DE DEVOIRS

Au collège, le rythme change: les enseignants sont plus exigeants, en termes de quantité mais aussi d'autonomie dans le travail.

l'école et le collège

Punitions

Si les sanctions en primaire se limitent en général à un mot dans le carnet, les collégiens trop turbulents peuvent être retenus au collège pour des « heures de colle ».

Un emploi du temps variable...

Les 26 heures de cours ne sont pas réparties de manière uniforme sur la semaine : tu peux commencer à 8 h le lundi et finir à 14 h, mais avoir cours le mardi de 11 h à 16 h.

Le CDI

Le Centre de documentation et d'information est un lieu où les élèves peuvent lire des livres et des journaux, travailler, mais aussi se renseigner sur les métiers et les formations.

... avec parfois des trous

Au collège, il est possible d'avoir une heure de libre, voire plusieurs, entre deux cours. C'est l'occasion de papoter avec les copains ou de prendre de l'avance dans ses devoirs en travaillant en « salle de perm' » (permanence).

Le CPE

Le conseiller principal d'éducation est responsable de la vie scolaire quand cela ne concerne pas directement les cours. C'est lui, par exemple, qui gère les retards et les absences.

L'ENT

Fini le cahier de texte et le cahier de liaison papier : place à l'ENT (environnement numérique de travail) ! Toutes les informations concernant le travail et la scolarité sont disponibles sur Internet.

ANNIVERSAIRES, FÊTES, BOUMS

10 ASTUCES POUR PASSER UN BON MOMENT

LES TRUCS À FAIRE...

ADOPTER LA « SWAG ATTITUDE »

Être swag, ça veut dire être cool, bien dans ses baskets : autrement dit, assumer sa personnalité et son style. Pas toujours évident, mais ça vaut le coup d'essayer car tout le monde peut y arriver ! Le secret ? Avoir confiance en soi sans en faire trop.

RACONTER DES BLAGUES

C'est toujours sympa (et flatteur !) de faire rire les copains. Tu peux aussi proposer des devinettes. Si tu es en manque d'inspiration, tu en trouveras quelques-unes pages 34 et 35 !

DANSER

On hésite souvent avant de se lancer sur la piste, mais une fois le mouvement enclenché, tout le monde est ravi !

ALLER PARLER À DES GENS QUE TU NE CONNAIS PAS

C'est l'occasion de faire de nouvelles rencontres. Tu n'oses pas ? Allez, un petit effort ! N'oublie pas que comme le dit le proverbe, les amis de mes amis sont mes amis !

T'INTÉRESSER À CE QUE DISENT LES AUTRES

Une conversation est bien plus intéressante quand il y a de vrais échanges ! Et puis, si tu ne parles que de toi, les autres vont vite se lasser...

T'ÉCLATER ET PROFITER

Tout simplement !

... ET CEUX À ÉVITER

FAIRE LE « BOLOSS »

Un boloss, c'est quelqu'un qui veut se faire remarquer à tout prix et qui, du coup, joue un rôle. Résultat : il en fait trop et devient ridicule.

COUPER UN MORCEAU AU MILIEU

Il n'y a rien de pire pour agacer les danseurs. Attends donc la fin de la chanson... ou trouve une ruse : baisse progressivement le son pour faire croire que le morceau est fini...

RESTER SEUL(E) DANS TON COIN

C'est parfois difficile de surmonter sa timidité... Mais le jeu en vaut la chandelle : tu t'amuseras beaucoup plus en allant avec les autres !

ALLER TE SERVIR DIRECTEMENT DANS LE FRIGO

C'est mal élevé et tu risques de passer pour un(e) glouton(ne) !

3
QUESTIONNE LA SOCIÉTÉ

JEUX VIDÉO

DE QUOI DEVENIR ACCRO ?

PORTABLE EN AVOIR OU PAS

AVANT, C'ÉTAIT

Il n'y a pas si longtemps, on vivait sans smartphone ni téléphone portable, et même sans Internet. Mais comment faisait-on ?

③ AVANT LES TEXTOS, SI L'ON ÉTAIT EN RETARD À UN RENDEZ-VOUS, COMMENT PRÉVENAIT-ON SES COPAINS ?

a. On envoyait un télégramme.

b. On demandait à un coursier de faire passer le message.

c. On essayait de ne pas être en retard.

④ QUEL EST L'ANCÊTRE DU DVD ?

⑤ COMBIEN DE PHOTOS POUVAIT-ON PRENDRE AU MAXIMUM AVEC UNE PELLICULE AVANT L'APPARITION DES APPAREILS NUMÉRIQUES ?

a. 36. b. 48. c. 56.

① QUI A INVENTÉ LE TÉLÉPHONE ?

a. Graham Bell.

b. Thomas Edison.

c. Les frères Lumière.

② DEPUIS COMBIEN DE TEMPS PEUT-ON REGARDER LA TÉLÉVISION EN COULEURS ?

a. 20 ans. b. 50 ans. c. 70 ans.

⑥ EN QUELLE ANNÉE A ÉTÉ INVENTÉ LE PREMIER LAVE-VAISSELLE ?

a. 1850. b. 1920. c. 1970.

COMMENT ???

⑦ SANS INTERNET, COMMENT FAISAIT-ON POUR TROUVER LE NUMÉRO DE TÉLÉPHONE DE QUELQU'UN ?

a. Impossible : il fallait se rendre directement à son domicile.

b. On consultait un annuaire papier.

c. On appelait le service des renseignements.

❽ LES PREMIERS SMARTPHONES SONT APPARUS IL Y A…

a. 5 ans. b. 15 ans. c. 25 ans.

⑨ SANS ORDINATEUR NI MP3, COMMENT ÉCOUTAIT-ON DE LA MUSIQUE DANS LES ANNÉES 1980 ?

a. Sur un tourne-disque.

b. À la radio.

c. On allait à des concerts.

❿ AVANT L'INVENTION DU GPS, COMMENT SE REPÉRAIENT LES EXPLORATEURS ?

a. Ils regardaient le soleil et les étoiles.

b. Ils appelaient le poste de secours pour être guidés.

c. Ils espéraient avoir de la chance.

ÊTRE OU NE PAS ÊTRE… UN DINOSAURE

Traiter une personne de dinosaure est une manière (pas très gentille, car on la renvoie 65 millions d'années en arrière quand même…) de lui faire comprendre qu'elle est déconnectée de la réalité actuelle, que ses références ou ses habitudes datent d'une autre époque.

Réponses p.92

FILLES ET GARÇONS :

IDENTIQUES… À UN CHROMOSOME PRÈS

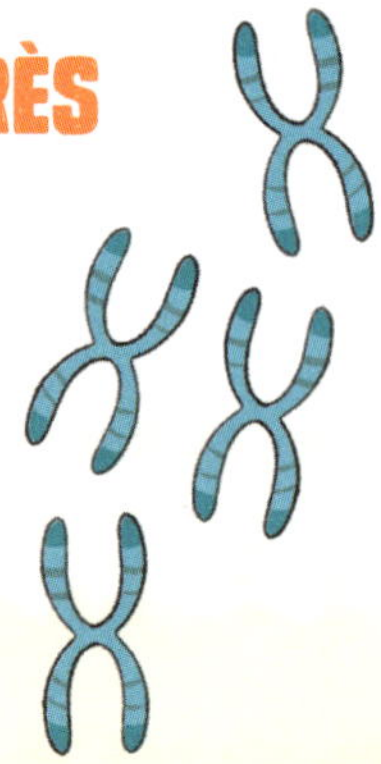

La principale différence entre les filles et les garçons est évidemment physique – pas besoin de faire un dessin ! Cela s'explique par la présence d'un chromosome, un élément microscopique présent dans chaque cellule du corps qui définit les caractéristiques d'un individu (sa taille, la couleur de ses cheveux, de ses yeux…). Sur 23 paires de chromosomes que possèdent les êtres humains, 22 sont identiques entre les filles et les garçons, mais pas celle qui détermine le sexe : les filles ont deux chromosomes X, alors que les garçons ont un X et un Y. Au-delà de ces caractéristiques dites innées, nous sommes ensuite beaucoup influencés par notre environnement. Certains dessins animés, livres ou publicités montrent, par exemple, des garçons courageux et des filles plus réservées. Mais rien n'oblige à se conformer à ces modèles ! L'important est d'avoir conscience de ces clichés et de rester soi-même.

ROSE POUR LES FILLES, BLEU POUR LES GARÇONS ?

Cela n'a pas toujours été le cas ! Au Moyen Âge, les petites filles étaient habillées en bleu, couleur de la robe de la Vierge Marie. À l'inverse, les chevaliers avaient les jambes recouvertes de bas-de-chausses roses. Ce n'est qu'au 18e siècle que le rose est associé aux femmes, sous l'influence de la marquise de Pompadour. Cette favorite du roi Louis XV lance à la cour la mode d'un nouveau rose, inventé par un peintre belge et qu'on appellera ensuite « le rose Pompadour ».

STOP AUX CLICHÉS !

VRAI OU FAUX ?

Les garçons sont plus doués pour les maths.

FAUX. Au départ, il n'y a pas de différence physiologique entre les filles et les garçons. Mais plus on active la zone du cerveau qui permet d'effectuer des calculs ou des raisonnements mathématiques (la fameuse « bosse des maths »), plus celle-ci devient efficace. Et comme, en France, on pousse plus les garçons à faire des maths que les filles, les garçons finissent par devenir globalement meilleurs.

Les femmes aiment davantage s'occuper des enfants que les hommes.

FAUX. **Aucune étude scientifique ne montre une telle préférence.** Mais dans les faits, les femmes passent trois fois plus de temps à s'occuper des enfants que les hommes. Elles font aussi les 3/4 des tâches ménagères, tandis que les hommes s'occupent majoritairement du bricolage. S'ils évoluent un peu au fil du temps, ces chiffres montrent à quel point nos comportements restent stéréotypés.

Il n'y a pas de métiers faits pour les hommes, et d'autres pour les femmes.

VRAI... en théorie ! Cependant, la réalité est bien différente : seul un métier sur six est vraiment mixte. La plupart des professions sont exercées majoritairement soit par des femmes (infirmière, aide à domicile...), soit par des hommes (ingénieur, policier...). Mais il ne tient qu'à toi de faire changer les choses !

ÇA VEUT DIRE QUOI

… GRANDIR ?

Que de transformations !

D'abord bébé, l'enfant grandit, en taille mais pas seulement ! Il apprend de nouvelles choses et devient peu à peu autonome. À partir de 10 ou 11 ans commence une phase de transition entre l'enfance et l'âge adulte : c'est l'adolescence. Le corps se transforme : chez les filles, les seins poussent, les hanches s'arrondissent et les règles apparaissent tous les mois, signe qu'elles pourront plus tard donner naissance à un bébé. Les garçons, eux, ont la barbe qui pousse tandis que la voix mue pour devenir plus grave, ce qui donne souvent lieu à quelques couacs… Filles et garçons commencent aussi à avoir des poils. Toutes ces transformations physiques s'accompagnent de changements d'humeur, parfois brutaux : il n'est pas rare de passer d'une profonde tristesse à un état d'excitation aiguë ! Mais peu à peu tout rentre dans l'ordre et nous voici adultes. Ensuite, on ne grandit plus… on vieillit !

À TOI DE JOUER !

Prends une feuille et délimite trois colonnes : « hier », « aujourd'hui » et « demain ».

Dans la première, dessine les activités que tu faisais quand tu étais petit(e) (sport, jeux, livres…). Réfléchis alors à la manière dont tu fais cette même activité aujourd'hui et note-le en face dans la deuxième colonne.

Dessine ensuite les nouvelles activités que tu fais aujourd'hui dans cette deuxième colonne et indique en face dans la troisième comment tu imagines faire cette activité quand tu seras adulte.

Jette maintenant un regard global à ta feuille : cela devrait te donner une idée un peu plus concrète de ce que signifie « grandir » !

JAMAIS SANS

TOUS PAREILS ?

MA BANDE

T'AS QU'À EN CRÉER UNE !

Ah, c'est **UNE BONNE IDÉE**, ça !

On pourrait former le club des agents secrets.

Attends, on va plutôt l'appeler **LE CLUB DES ESPIONS INTRÉPIDES** !

Ah ouais… **ÇA EN JETTE** ! On va avoir plein de demandes pour y entrer, tu vas voir.

Mais justement, on accepte **QUI** ?

Tous ceux qui veulent jouer avec nous, tu crois pas ?

Et s'ils font déjà partie d'une autre bande ?

C'EST PAS GRAVE. Ils peuvent faire partie de plusieurs bandes à la fois.

C'EST VRAI, ÇA ! Et plus on sera nombreux, plus on pourra faire de missions !

ALLEZ, DÉPÊCHE-TOI NINA, il faut qu'on ait le temps d'en parler à tout le monde avant que ça sonne !

Souvent, quand on fait partie d'un groupe, on a tendance à se laisser entraîner et à faire comme les copains, qu'il s'agisse de la façon de parler, de s'habiller ou de se comporter avec les autres. Évidemment, tout cela a un côté rassurant. À condition, cependant, de rester soi-même et de ne pas faire des choses qu'on pourrait regretter plus tard. Alors, de temps à autre, pose-toi cette question : est-ce que j'agirais comme ça si j'étais seul(e) ? Car être dans une bande ne veut pas dire faire exactement la même chose tout le temps ! Aie confiance en toi et sois sincère. Tu verras, cela n'empêche pas d'avoir des amis, au contraire : les autres t'apprécieront pour ce que tu es, avec ton propre caractère et tes différences.

ET TOI, QUI ES-TU ?

PORTRAIT CHINOIS

S'identifier à des objets, des êtres vivants ou des éléments abstraits pour faire ressortir certains aspects de sa personnalité : voilà le principe du portrait chinois. Par exemple : si j'étais un animal, je serais… un renard (pour le côté rusé) ou un chat (parce qu'il retombe toujours sur ses pattes !).

Amuse-toi à faire ces associations, seul(e) ou avec des amis. Vous pouvez aussi échanger les rôles : chacun répond à la place d'un autre, en fonction de la manière dont il le perçoit. Ce petit jeu devrait vous réserver quelques surprises et de bons fous rires !
Voici des suggestions, mais n'hésite pas à compléter cette liste au gré de ton imagination !

Si j'étais…

- une chanson
- un insecte
- une qualité
- une saison
- un livre
- une émotion
- un outil
- un sport
- une personne célèbre
- un film

Questionnaire de Proust

Dans le même genre, l'écrivain Marcel Proust s'est inspiré, à la fin du 19e siècle, d'un jeu anglais pour créer un questionnaire devenu célèbre. En voici un extrait :

- Le principal trait de mon caractère ?
- Mon principal défaut ?
- Mon occupation préférée ?
- Mon rêve de bonheur ?
- Ce que je voudrais être ?
- La couleur que je préfère ?
- Le pays où je désirerais vivre ?
- Ce que je déteste par-dessus tout ?

4

FAIS-LE TOI-MÊME AU FIL DES SAISONS

Apprends à coder

Tu joues certainement à des jeux vidéo. Mais as-tu déjà pensé à apprendre à programmer toi-même un ordinateur ?

LE CODE INFORMATIQUE, QUÈSACO ?

C'est un langage qui sert à créer des sites Internet, des applications mobiles, des jeux vidéo ou encore à programmer des robots. Mais au lieu d'utiliser des mots, les instructions sont données à l'ordinateur ou la machine sous forme de longues séries de 0 et 1.
Pour éviter de se perdre dans tous ces chiffres, on passe par un langage de programmation qui détaille tout ce que la machine doit faire.

3 BONNES RAISONS DE T'Y METTRE

- **Pour mieux comprendre la technologie présente dans ton quotidien,** quand tu surfes sur Internet ou utilises les réseaux sociaux.
- **Pour apprendre à être logique et rigoureux/rigoureuse.** Car ici, l'inattention ne pardonne pas : une seule virgule mal placée et c'est tout un site qui plante !
- **Pour ne plus avoir peur de te tromper :** comme c'est grâce aux bugs et à leur résolution qu'on progresse, il faut se lancer même si l'on n'est pas sûr(e) de soi. Un changement d'état d'esprit bénéfique bien au-delà de l'informatique !

OÙ ET COMMENT ?

- **En classe :** s'ils n'apprennent pas vraiment à programmer, les cours d'initiation à l'informatique dispensés en primaire et au collège sont un bon début !
- **En t'inscrivant à un atelier organisé près de chez toi par une association ou une entreprise** (ouvre l'œil : certains sont gratuits !).
- **En te lançant tout(e) seul(e) avec le logiciel Scratch** (si besoin, des tutoriels sur Internet t'aideront à l'utiliser).

UN BON PLAT QUI RÉCHAUFFE

Gratin de pâtes aux courgettes

RECETTE À PRÉPARER AVEC L'AIDE D'UN ADULTE !

PRÉPARATION : 25 min.

INGRÉDIENTS (pour 4-5 personnes) :

• 400 g de penne • 3 courgettes • 100 g de fromage râpé • 30 ml de crème fraîche • 1 cuillère à soupe d'huile

Préchauffe le four à 200 °C (thermostat 6-7).

Lave les courgettes, coupe-les en dés et fais-les revenir dans une poêle avec un peu d'huile pendant 5 minutes. Ajoute la crème fraîche et laisse mijoter jusqu'à ce que les courgettes soient croquantes.

Pendant ce temps, fais cuire les pâtes selon le temps indiqué sur le paquet dans une casserole d'eau bouillante salée avant de les égoutter.

Dispose les pâtes au fond d'un plat allant au four, ajoute la préparation de courgettes et saupoudre de fromage râpé.

Laisse gratiner au four pendant 20 minutes.

BIEN MANGER, C'EST IMPORTANT !

Une alimentation saine et équilibrée favorise une bonne santé. C'est valable pour ton corps mais aussi pour ton cerveau ! Autrement dit, cela t'aide à te sentir en forme et à bien travailler. Alors, prends dès maintenant de bonnes habitudes que tu garderas toute ta vie.

3 CONSEILS POUR UNE ALIMENTATION ÉQUILIBRÉE

- Prends un bon petit déjeuner le matin pour avoir des forces !
- Ne te rue pas sur les biscuits au goûter : tu peux aussi choisir un yaourt ou un fruit...
- Mange un peu de tout : des légumes et des fruits, des féculents et des produits céréaliers (pain, pâtes...), des produits laitiers, des protéines (viande, poisson, œuf...).

Cultive ton jardin

Beaucoup de gens aiment jardiner parce que c'est un moment paisible. Et quelle satisfaction de voir ensuite ses petites plantations pousser !

DU NOYAU D'AVOCAT À L'AVOCATIER

1 **Coupe un avocat en deux,** extrais le noyau sans l'abîmer (et garde la chair pour la manger !). Lave bien le noyau et fais-le tremper dans de l'eau chaude pendant une heure puis laisse-le sécher deux ou trois jours.

2 **Pique 4 cure-dents dans le noyau et installe celui-ci dans un verre d'eau :** la partie arrondie doit toujours être immergée tandis que la partie pointue reste en haut à l'air libre. Change l'eau régulièrement et arme-toi de patience !

3 Au bout d'environ deux semaines, le noyau va se fendre en deux. Quelques jours plus tard, tu devrais voir apparaître les racines. **C'est le moment de planter le noyau d'avocat dans un pot avec de la terre pour faire pousser l'arbuste.**

LA CAROTTE QUI REPOUSSE (PRESQUE) TOUTE SEULE

Faire repousser une carotte, c'est possible ! Il suffit d'en couper l'extrémité en laissant 4 ou 5 cm sous les feuilles. Place ce morceau dans un récipient contenant un fond d'eau (la moitié de la carotte doit rester à l'air) et pose-le devant une fenêtre. Après quelques jours, les fanes (la tige et le feuillage) vont continuer de pousser. Tu peux les utiliser comme une herbe aromatique ou dans une bonne soupe !

À PÂQUES, L'ŒUF DANS TOUS SES ÉTATS

Tu vas peut-être te lancer dans une chasse intrépide et remplir ton panier d'œufs appétissants, mais il n'y a pas que le chocolat dans la vie !

L'ŒUF REBONDISSANT

Place un œuf cru avec sa coquille dans un verre et recouvre-le de vinaigre blanc. De petites bulles se forment, signe que la coquille se dissout. Couvre le verre et mets-le à l'ombre pendant au moins 24 heures : quand l'œuf est devenu transparent, rince-le avec précaution. Il n'est plus entouré que d'une fine membrane, assez souple pour que, si tu lâches l'œuf de 5 ou 10 cm de haut, il ne se casse pas ! N'y va pas trop fort quand même… Si tu veux un œuf plus résistant, utilise un œuf dur (qui a cuit 10 minutes dans l'eau).

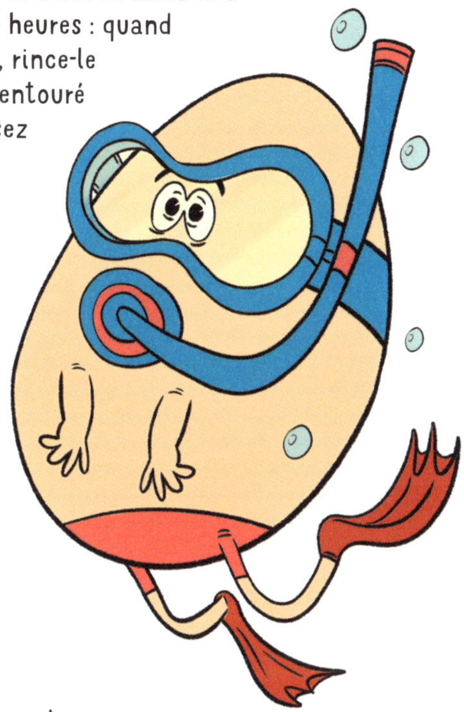

UN PEU DE DÉCO

Fais bouillir de l'eau dans une casserole et laisse les œufs cuire au moins 10 minutes. Une fois refroidis, tu peux dessiner dessus, les peindre, coller des gommettes ou des morceaux de journaux…

Le géant de papier mâché

1. Fabrique ta colle : fais bouillir 5 verres d'eau et verse 1 verre de farine. Mélange en laissant cuire à feu doux 2 minutes puis laisse refroidir 15 minutes dans un saladier.
2. Gonfle un ballon de baudruche et ferme-le avec un nœud. Colle avec du ruban adhésif le nœud sur le ballon pour l'aplatir et lui donner une forme bien ronde.

3. Découpe des bandes de papier journal et colle-les sur le ballon. Laisse sécher.
4. Passe une couche de peinture blanche et voici ton œuf géant prêt à être décoré !

L'IMAGINATION AU POUVOIR

Tu connais le proverbe : « En mai, fais ce qu'il te plaît » ? Alors, que tu te sentes l'âme d'un(e) magicien(ne) ou d'un(e) artiste, c'est le moment de laisser libre cours à tes envies !

FABRIQUE TON SLIME (100 % NATUREL)

Le slime, c'est cette pâte gluante et visqueuse, un peu beurk mais si agréable à malaxer !
Pour la fabriquer, verse 100 g de fécule de maïs dans un saladier, ajoute 110 ml d'eau ainsi que quelques gouttes de colorant alimentaire naturel. Mélange bien avec les doigts et c'est prêt ! Il ne te reste plus qu'à le pétrir, encore et encore ! Conserve le slime au réfrigérateur dans un pot hermétique.

COMME PAR MAGIE !

Demande à un volontaire de penser à un nombre compris entre 0 et 9 et déclare que tu vas lire dans ses pensées. Écris le nombre 12 345 679 (sans le 8, donc) sur une feuille que tu donnes au volontaire. Sans regarder ce qu'il fait, demande-lui de multiplier son nombre par 9 puis de multiplier le total obtenu par 12 345 679. Tu peux bien sûr lui prêter une calculatrice pour effectuer les calculs ! Quelle ne va pas être sa surprise de voir apparaître 9 fois le nombre auquel il a pensé !

LE TRUC :
C'est mathématique :
12345679 multiplié par 9 égale 111 111 111. Donc en multipliant ce nombre par un nombre compris entre 1 et 9 (celui auquel le volontaire a pensé), on obtient toujours une succession de 9 fois le même nombre.

FAIS TON NUMÉRO

Seul(e) ou avec des amis, invente une histoire qui sera le fil conducteur de ton spectacle. Tu peux mimer la rencontre improbable entre deux personnages, te mettre dans la peau d'un robot, imiter les cabrioles d'un chien devenu fou... Tous les sujets sont permis. Et n'aie pas peur de te lancer : l'important est de s'amuser !

GARDE LA FORME

L'été arrive, le soleil chauffe : profites-en pour te dépenser en plein air !

1 JEU DE BALLON

La patate chaude : quelqu'un met un minuteur et on se lance le ballon. Quand la sonnerie retentit, celui qui a le ballon entre les mains a perdu. On recommence jusqu'à ce qu'il ne reste que le vainqueur.

2 FIGURES DE SKATE

Le manual : roule sur les deux roues arrière de ta planche. Comment ? En basculant ton poids vers l'arrière (le « tail ») pour soulever les roues avant situées sous le « nose » (la partie recourbée). Et fais-le si possible sans t'arrêter...

Le ollie : un saut avec ta planche. Donne un coup sec avec ton pied arrière sur le tail (ça s'appelle « claquer ») en même temps que tu glisses le pied vers le nose. Le secret : coordonne tes deux pieds !

3 BONNES RAISONS DE FAIRE DU SPORT

C'est bon pour la santé : tu te muscles, tu te détends et tu te sens plus en forme.

... mais aussi pour le cerveau : en apprenant les règles du jeu, par exemple, tu entraînes ta mémoire et développes ta concentration.

C'est l'occasion de faire de nouvelles rencontres, que ce soit au sein de ton équipe de handball, dans une compétition d'escrime ou à un festival de capoeira !

ATTENTION

Tromper le cerveau en lui faisant percevoir une image qui ne correspond pas à la réalité : c'est le principe des illusions d'optique qui sèment la confusion… pour notre plus grand plaisir !

QUESTION DE TAILLE

Selon toi, quel rond orange est le plus grand ?

Réponse : *Les deux ronds orange ont exactement la même taille ! C'est la taille des ronds gris autour qui les fait paraître plus ou moins grands.*

À TOI DE JOUER !

TON MATÉRIEL

- Une feuille de papier
- Une règle
- Un feutre

TRAITS TROMPEURS

Trace à la règle deux traits de même longueur. Au bout de l'un, dessine des flèches qui vont vers l'intérieur ; au bout de l'autre, des flèches qui vont vers l'extérieur.
Éloigne un peu la feuille à présent et regarde les deux traits : n'as-tu pas l'impression que l'un des traits est plus long que l'autre ?

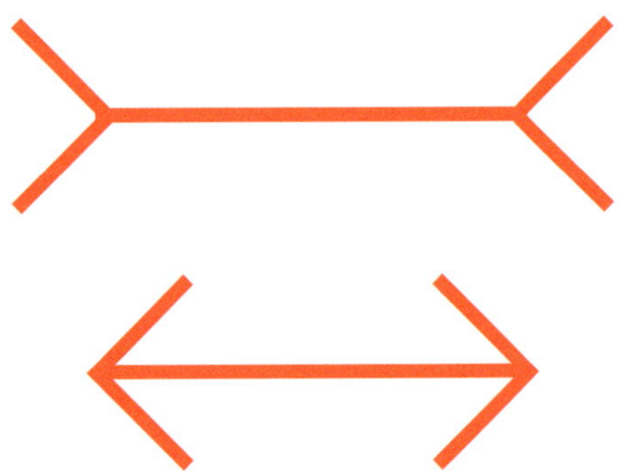

AUX YEUX !

QUE VOIS-TU ?

Selon toi, y a-t-il vraiment des petites taches entre les carrés ?

__Réponse :__ Si tu laisses flotter ton regard au-dessus du carré ci-contre, tu vois des taches orange à l'intersection des lignes blanches. Pourtant, si tu fixes intensément l'une de ces intersections, tu constates que ces taches n'existent pas ! Ton cerveau « barbouille » de la couleur comme pour attacher ensemble les 16 petits carrés orange et « fabriquer » artificiellement le grand carré.

DRÔLES DE FORMES

Dessine deux formes emboîtées comme sur le schéma puis demande à tes parents ou tes amis ce qu'ils voient. La plupart te répondront : « deux triangles » alors que la forme du dessous est un trapèze ! En fait, leur cerveau complète la forme du bas en imaginant qu'il s'agit d'un triangle caché par celui de devant.

L'ART DE LA RÉCUP'

Tu as du temps pendant tes vacances ? C'est l'occasion de bricoler un peu et d'agir en citoyen(ne) qui se soucie de l'environnement.

1 CUSTOMISE TES VIEUX JOUETS

TON MATÉRIEL

- Une planche en bois
- De vieilles figurines *(par exemple des dinosaures ou d'autres animaux)*
- Des vis
- De la peinture

Peins la planche de la couleur qui te plaît et **découpe tes figurines** en deux.

Demande à un adulte de **visser les figurines** à l'arrière de la planche puis de fixer ton portemanteau au mur. Tu peux maintenant y **suspendre des clefs, des colliers, des sacs…**

2 RECYCLE UNE BRIQUE DE LAIT OU DE JUS DE FRUITS

Si on les jette dans la poubelle jaune, ces emballages en carton peuvent être recyclés mais **pourquoi ne pas les utiliser pour en faire un objet de déco ?**
Découpe la partie supérieure de la brique puis rince l'intérieur à l'eau.
Peins la brique avec de la peinture acrylique ou recouvre-la de papier blanc pour faire un fond uni que tu peux ensuite **décorer à ta guise**, avec une nouvelle couche de peinture, des gommettes, des carrés de mosaïque ou encore des morceaux de papier journal... **Et voici un joli pot à crayons !**

PARTICIPE À UNE COLLECTE DE DÉCHETS

Bien qu'il soit interdit de jeter ses ordures n'importe où, certaines plages, forêts et abords de chemins sont envahis par tout un tas de papiers, d'emballages plastiques, de mégots de cigarettes... De quoi polluer durablement la nature et intoxiquer des animaux.
Alors, serais-tu prêt(e) à participer à une opération de ramassage de ces déchets sauvages ?

Que tu sois en vacances ou chez toi, tu trouveras des collectes organisées un peu partout en France. Renseigne-toi auprès de la mairie ou sur le site de la Fondation pour la Nature et l'Homme qui recense de nombreuses activités de ce type : www.jagispourlanature.org

MISSION TOP SECRÈTE

Tu as toujours rêvé d'être un(e) espion(ne) ? Voici quelques techniques pour acquérir les bases du métier.

CRÉE DES MESSAGES CODÉS

À L'ENVERS

Une manière simple (mais efficace !) de coder un message, **c'est d'écrire les mots à l'envers.**
Par exemple : « Je suis dans la chambre » devient **« Ej sius snad al erbmahc ».**

DÉCALÉ

Remplace chaque lettre par celle qui la suit immédiatement dans l'alphabet.
Le destinataire du message, lui, devra faire la substitution inverse et remplacer chaque lettre par celle située juste avant. Avec ce code, « Rendez-vous dans le jardin » devient **« Sfoefa-wpvt ebot mf kbsejo ».**

LANGUE INVENTÉE

Écris les lettres de A à M sur une ligne, et en dessous, les lettres de N à Z. Il te suffit ensuite de remplacer chaque lettre par celle qui se trouve à la même place sur l'autre ligne. Ainsi, « salut » devient **« fnyhg » !**

A	B	C	D	E	F	G	H	I	J	K	L	M
N	O	P	Q	R	S	T	U	V	W	X	Y	Z

L'agent le plus célèbre du monde

James Bond est un personnage de fiction, inventé en 1953 par l'écrivain britannique Ian Fleming, qui fut lui-même un véritable agent secret ! Également appelé 007 (le premier zéro indique que l'agent a le permis de tuer, le second indique que l'agent a déjà fait usage de ce permis), James Bond fait partie des services secrets britanniques, le MI6.

RELÈVE DES EMPREINTES DIGITALES

TON MATÉRIEL

- Une feuille blanche
- Du ruban adhésif
- Un crayon à papier gras

Dessine une tache noire au crayon et appuie ton doigt dessus. Pose ensuite ton doigt sur le côté collant d'un morceau de ruban adhésif et colle celui-ci sur du papier blanc : **tes empreintes vont apparaître !**

POURQUOI ? La poudre de crayon s'est déposée sur ton doigt en suivant la forme des crêtes et des sillons à la surface de ta peau. Quand tu poses ton doigt sur le ruban adhésif, celui-ci ne garde que le dessin des crêtes en relief. Chaque individu possède ses propres empreintes digitales, différentes de celles des autres : c'est pour cela qu'elles servent de moyen d'identification.

FABRIQUE DE L'ENCRE INVISIBLE

TON MATÉRIEL

- Une feuille blanche
- Un coton-tige
- Un citron
- Une bougie ou un briquet

Presse le jus du citron dans un bol. Trempe le coton-tige dedans et avec celui-ci, fais un dessin ou écris un message sur la feuille. Laisse sécher : on ne voit rien du tout. Demande à un adulte d'allumer la bougie ou le briquet et de passer la feuille au-dessus. **La flamme révèle alors l'encre invisible !**

DES ACTIVITÉS

À LA FIN DU MOIS, CE SERA HALLOWEEN :
d'origine britannique et irlandaise, cette fête est aujourd'hui célébrée dans de nombreux pays. Au programme : horreur et farces. Alors, prépare-toi pour la soirée du 31 !

MAQUILLAGE FAÇON VAMPIRE

Utilise du talc ou du maquillage blanc de clown pour donner une teinte blafarde à ton visage.

Mets ensuite du fard violet ou brun sous tes yeux pour creuser les cernes et colore de noir tes paupières.

Termine avec du rouge à lèvres rouge : tu peux déborder un peu pour donner l'impression qu'un filet de sang coule vers le menton.

Pour compléter ce maquillage, **mets de fausses dents** ou fabriques-en en coupant en pointe deux pailles blanches d'environ 5 cm, et coince-les sur tes canines.

Quant aux cheveux, tu peux choisir de les ébouriffer ou au contraire de les plaquer totalement sur ton crâne avec du gel.

MORTELLES !

FAUX SANG

Verse 450 g de sucre glace dans 250 ml d'eau. Mélange bien avec un mixeur pour écraser les grumeaux. **Ajoute deux cuillères à soupe de colorant alimentaire rouge ainsi qu'une cuillère à soupe de chocolat en poudre** (le chocolat permet d'épaissir le liquide et de donner une couleur foncée plus réaliste).
Mélange bien et étale avec un pinceau le faux sang sur ta peau ou tes vêtements. **Attention, ne prends que de vieux habits que tu utilises comme déguisements car ce faux sang tache pour de vrai !**

UNE DÉCO À FAIRE PEUR

MINI-FANTÔME

TON MATÉRIEL : du papier, des mouchoirs en papier, un feutre noir et de la ficelle.

Fais une boule de papier et place-la au centre d'un mouchoir déplié. Serre le mouchoir autour de la boule et ferme avec la ficelle en laissant 20 ou 30 cm de longueur : tu as la tête du fantôme. Dessine son visage au feutre et utilise le reste de ficelle pour le suspendre.

ARAIGNÉE À RESSORT

TON MATÉRIEL : du papier épais noir et rouge, des ciseaux, de la colle et du ruban adhésif.

Découpe un grand rond noir pour faire le corps de l'araignée et 8 petites bandes noires pour les pattes. Découpe ensuite deux petits ronds rouges : ce seront les yeux.
Plie les pattes. Colle les yeux et les pattes sur le corps. Découpe ensuite deux larges bandes de la même taille, une noire et une rouge, colle-les ensemble avant de les plier en accordéon. Colle une extrémité au dos de l'araignée et accroche avec du ruban adhésif l'autre extrémité au plafond ou sur un objet pour la suspendre.

JOUE AVEC LA MÉTÉO

Le temps est maussade ? Ces expériences scientifiques vont te permettre de comprendre des phénomènes météorologiques tout en restant à la maison !

1 ARC-EN-CIEL D'INTÉRIEUR

TON MATÉRIEL

- Une bassine remplie d'eau
- Un miroir
- Une feuille blanche
- Une lampe torche

Place le miroir dans la bassine, incliné contre un bord à environ 45 degrés. La moitié du miroir doit être plongée dans l'eau. Pointe ta lampe sur la partie immergée du miroir et place la feuille blanche là où le miroir renvoie le reflet. Il n'est pas beau cet arc-en-ciel ?

Si le temps le permet, tu peux utiliser la lumière du soleil à la place de ta lampe.

COMMENT ÇA MARCHE ?

La lumière blanche de la lampe (ou du soleil) est composée de toutes les couleurs. Quand elle passe de l'eau à l'air, elle change de direction, mais pas de manière uniforme : chaque couleur est déviée avec un angle différent, si bien que les couleurs apparaissent les unes à côté des autres. On parle de réfraction de la lumière.

ET DANS LA NATURE ?

Cette réfraction se produit quand le soleil, assez bas sur l'horizon, se reflète sur des gouttes d'eau : c'est le cas quand il pleut mais aussi si tu te trouves près d'une cascade ! Pour voir l'arc-en-ciel, tu ne dois pas être face au soleil, mais l'avoir dans ton dos.

2 UNE TORNADE EN BOUTEILLE

Remplis la bouteille d'eau presque en entier et verse quelques gouttes de liquide vaisselle. Ferme bien et secoue très fort jusqu'à obtenir de la mousse.

Agite encore la bouteille avec, cette fois, un mouvement circulaire : une tornade de mousse se forme.

TON MATÉRIEL

- Une bouteille en plastique avec un bouchon hermétique
- De l'eau
- Du liquide vaisselle

COMMENT ÇA MARCHE ?

L'eau qui se trouve sur le bord de la bouteille est entraînée par le mouvement de rotation qui se propage progressivement vers le centre : c'est ce qu'on appelle la force centrifuge. La mousse permet de faire ressortir cet effet.

ET DANS LA NATURE ?

Les vraies tornades ne sont pas faites d'eau mais d'air. Elles sont liées à la rencontre, lors d'un orage, de deux vents contraires qui s'entrelacent et forment un tourbillon.
Si elle ne dure jamais plus de quelques heures (elle se limite même souvent à quelques minutes), la tornade est un phénomène extrêmement violent, capable d'emporter sur son passage voitures, trains et maisons.

En attendant Noël

Quitte à compter les jours avant Noël, autant trouver des activités amusantes pour décorer la maison !

1 UN CALENDRIER EXPLOSIF

TON MATÉRIEL
- 24 ballons
- Des feutres
- De la ficelle
- Du ruban adhésif

Écris un petit mot (une phrase lue dans un livre et que tu trouves jolie, une pensée que tu as eue, un petit poème que tu as inventé, un gage, un compliment…) sur un bout de papier que tu plies : ce sera le cadeau du jour. **Glisse-le dans un ballon** avant de le gonfler et de faire un nœud.

Fais la même chose avec tous les ballons et **numérote-les de 1 à 24.**

Avec de la ficelle, attache les ballons (dans le désordre) de manière à former **une grande guirlande** que tu peux ensuite fixer avec du ruban adhésif sur le mur. Chaque jour, invite tes parents à faire éclater le ballon pour lire ce qu'il y a à l'intérieur. Et paf !

Si tu es gourmand, tu peux remplacer les petits mots par des bonbons ou des chocolats !

2 DES BOULES DE PAPIER

TON MATÉRIEL
- Du papier épais
- Une perforatrice
- Des attaches parisiennes (2 par boule)
- Des ciseaux
- De la ficelle

Découpe une quinzaine de bandes de papier de 1,5 cm de large sur 10 cm de long et **décore-les** comme tu en as envie.

Pose les bandes les unes sur les autres et fais un trou à chaque extrémité. **Passe une attache parisienne** dans chaque trou pour assembler les bandes de papier et fais-les glisser délicatement les unes à côté des autres de manière à former une boule.

Tu peux ensuite passer la ficelle autour des attaches parisiennes pour attacher les boules où tu le souhaites.

3 UNE GUIRLANDE DE PÂTES

TON MATÉRIEL

- Des farfalles
- De la ficelle
- De la peinture ou de la colle
- Des paillettes

Commence par peindre les pâtes ou par **les décorer** en collant des paillettes. Laisse sécher.

Attache ensuite les pâtes avec la ficelle, en laissant de l'espace entre chaque pâte.

4 UN SAPIN DE PAILLES

TON MATÉRIEL

- Des pailles colorées
- Des ciseaux
- De la colle
- Une gommette flocon, étoile ou un pompon
- De la ficelle

Coupe deux pailles en deux parties de même longueur pour faire le tronc de l'arbre.

Prends deux autres pailles et découpe-les à des longueurs différentes de manière à ce que, quand tu les mets les unes au-dessus des autres, de la plus grande à la plus petite, tu puisses former un triangle.

Colle ces pailles sur le tronc de bas en haut et termine par la gommette ou le pompon.

Passe enfin une ficelle à travers la paille du haut **pour accrocher ton sapin.**

BONUS ANNIVERSAIRE

QUEL QUE SOIT TON MOIS DE NAISSANCE, CETTE RECETTE EST POUR TOI !

Poisson au chocolat

RECETTE À PRÉPARER AVEC L'AIDE D'UN ADULTE !

PRÉPARATION : 15 min + 10 min

CUISSON : 20 min

INGRÉDIENTS :

Pour le gâteau : 3 œufs • 125 g de beurre • 125 g de sucre • 1 tablette de chocolat noir (200 g) • 3 cuillères à soupe de farine.

Pour le nappage et la décoration : 50 g de chocolat noir • 25 g de crème liquide • 2 tubes de Smarties®.

Préchauffe le four à 180 °C.

Pendant ce temps, coupe le chocolat et le beurre en morceaux et fais-les fondre au micro-ondes ou dans une casserole à feu très doux.

Casse les œufs dans un saladier et ajoute le sucre. Mélange bien jusqu'à ce que l'ensemble devienne mousseux.
Verse le beurre et le chocolat fondus tout en continuant à remuer, puis ajoute la farine petit à petit.

Verse cette pâte dans un moule beurré et enfourne pendant environ 20 minutes.

Quand le gâteau est prêt, laisse-le refroidir un peu.

Prépare alors le nappage : fais bouillir la crème et verse-la sur le chocolat. Remue bien jusqu'à obtenir un mélange homogène.

Découpe un triangle dans le gâteau que tu déplaces pour faire la queue.

Verse le nappage sur le gâteau et décore ton poisson avec des Smarties®. N'oublie pas son œil !

5

IMAGINE, RÊVE

LES 11 LIVRES QU'IL AVANT SES 11 ANS

ENVIE DE GRANDES AVENTURES ?

Le Petit Prince

d'Antoine de Saint-Exupéry, Gallimard Jeunesse, 1945.

Un voyage poétique qui, à travers la rencontre entre un enfant et un aviateur perdu au beau milieu du Sahara, laisse la voie ouverte à de multiples interprétations.

Le Bon Gros Géant

de Roald Dahl, Gallimard Jeunesse, 1984.

Si si, les géants existent : la petite Sophie en a rencontré un, et un gentil en plus ! Quand tu auras fait sa connaissance, fonce à la rencontre de *Matilda* et de *Charlie et la Chocolaterie*, les autres héros de ce romancier de génie.

Harry Potter

de J.K. Rowling, Gallimard Jeunesse, 1998.

Une fascinante plongée dans le monde des sorciers qui va peut-être te faire regretter de n'être qu'un(e) « moldu(e) » ! Attention, une fois entamé le tome 1, tu risques de ne plus pouvoir t'arrêter jusqu'au 7…

Vendredi ou la Vie sauvage

de Michel Tournier Gallimard Jeunesse, 1971.

Un vrai roman d'aventures : seul rescapé d'un naufrage, Robinson Crusoé apprend à survivre sur une île déserte, seul, jusqu'au jour où il rencontre Vendredi, un sauvage en réalité pas si sauvage qu'il en a l'air.

Le Lion

de Joseph Kessel, Gallimard Jeunesse, 1958.

Au cœur du Kenya, l'histoire d'une étonnante mais profonde amitié entre une petite fille et un lion.

L'Île au trésor

de Robert Louis Stevenson Hetzel, 1885.

Une histoire de pirates avec des bagarres et des rebondissements trépidants, une carte mystérieuse et une chasse au trésor… En route pour l'aventure !

FAUT AVOIR LUS

La Sixième
de Susie Morgenstern,
L'école des Loisirs, 1984.

Avant d'entrer au collège, découvre, aux côtés de la malicieuse Margot, les joies, mais aussi les petits tracas, qui t'attendent dans ce nouveau monde.

Fifi Brindacier
d'Astrid Lindgren,
Hachette, 1951.

Intrépide, espiègle et jamais à court d'idées, Fifi est tout sauf une petite fille modèle. Avec elle, tu n'auras pas le temps de t'ennuyer !

Un Sac de billes
de Joseph Joffo,
Jean-Claude Lattès, 1973.

La seconde guerre mondiale et les persécutions nazies vues à travers les yeux d'un petit garçon juif. Un témoignage bouleversant.

Histoires inédites du Petit Nicolas
de René Goscinny et Sempé,
IMAV éditions, 2004.

Savoure les aventures de cet impertinent petit garçon, à l'école ou dans sa famille, entouré de ses camarades Alceste, Geoffroy, Agnan, Clotaire... Rire garanti !

Treize à la douzaine
d'Ernestine et Frank Gilbreth,
Gallimard Jeunesse, 1983.

Le quotidien d'une famille (très) nombreuse racontée avec vivacité et un humour décapant.

OU D'HISTOIRES QUI TE RESSEMBLENT DAVANTAGE ?

LES 11 FILMS QU'IL FAUT

CÔTÉ CLASSIQUES

LES TEMPS MODERNES

de Charlie Chaplin (1936)

La vie d'un ouvrier dans une gigantesque usine. Produit dans les années 1930, ce film en noir et blanc s'appuie sur l'humour du célèbre Charlot pour critiquer le travail à la chaîne et l'industrialisation.

LA GRANDE VADROUILLE

de Gérard Oury (1966)

Les mésaventures de deux Français que tout sépare mais qui se retrouvent contraints de fuir ensemble pendant la seconde guerre mondiale. Une comédie culte, dont l'humour n'a pas vieilli.

L'ÉCOLE AUTREMENT

LA GUERRE DES BOUTONS

d'Yves Robert (1962)

L'affrontement de deux bandes rivales, les Longeverne et les Velrans, à coup de bretelles coupées et de boutons arrachés. De bien drôles de méthodes !

LES CHORISTES

de Christophe Barratier (2004)

Émouvant, ce film musical met en scène l'univers très strict d'un internat pour garçons en difficulté, à la fin des années 1940.

PAR-DELÀ LES DIFFÉRENCES

INTOUCHABLES

d'Éric Toledano et Olivier Nakache (2011)

La rencontre improbable entre un homme riche tétraplégique et un jeune de banlieue. Au programme : des étincelles, du rire et de la tendresse.

FORREST GUMP

de Robert Zemeckis (1994)

L'histoire des États-Unis entre 1940 et 2000 vue par un homme simple d'esprit. Drôle et émouvant.

BILLY ELLIOT

de Stephen Daldry (1999)

Oui, on peut être un garçon et aimer danser ! Mais ce n'est pas toujours facile de le faire admettre…

AVOIR VUS AVANT SES 11 ANS

HISTOIRES DE PIRATES

LES GOONIES
de Richard Donner (1985)

Une bande de copains part à la recherche d'un mystérieux trésor pour sauver leur quartier de la destruction. Évidemment, rien ne se passe comme prévu…

PIRATE DES CARAÏBES
de Gore Verbinski
et Walt Disney Pictures (2003)

Les tribulations du capitaine Jack Sparrow, sur fond de malédictions, vengeance et objets mystérieux.

POUR S'ÉVADER

L'HISTOIRE SANS FIN
de Wolfgang Petersen (1984)

Un livre magique qui fait voyager ? Voilà ce que découvre Bastien. Embarque avec lui en direction de Fantasia !

LITTLE MISS SHUNSHINE
de Jonathan Dayton et Valerie Faris (2006)

Le voyage en minibus d'une famille loufoque qui accompagne la petite Olive à un concours de beauté. Un film qui respire la joie de vivre.

CRÉE TES PROPRES HISTOIRES !

Invente une aventure ABRACADABRANTESQUE

Pioche cinq mots au hasard dans un livre. Ils n'ont aucun rapport entre eux ? Tant mieux ! Fais travailler ton imagination et construis une histoire extravagante à partir de ces mots, en essayant de partir d'une situation initiale, d'enchaîner quelques péripéties avant d'aboutir à la situation finale.

IMAGINE TA PREMIÈRE BD

TU AIMES DESSINER ? Pourquoi ne pas te lancer dans une BD ? Pour commencer, fais un « strip », c'est-à-dire une BD très courte, composée de quelques cases disposées en ligne. Trouve une idée simple et respecte cette règle : une case = une action.

FAIS UN CADAVRE EXQUIS

Ce jeu se joue au minimum à trois. Chacun a un crayon et on fait tourner une feuille de papier : le premier joueur note le sujet d'une phrase, puis il plie la feuille pour cacher ce qu'il a écrit. Le deuxième inscrit un verbe, le troisième un complément d'objet. Les joueurs suivants (ou les premiers si l'on refait un tour) peuvent ajouter des compléments circonstanciels pour décrire le lieu, le moment et la manière dont se déroule l'action.

Comme personne ne sait ce qui a été écrit avant, on obtient en général des phrases absurdes, souvent drôles, et parfois poétiques, du type : « le cadavre exquis boira le vin nouveau ». Telle est en effet la phrase qui a donné son nom à ce jeu d'écriture collective, inventé par les surréalistes en 1925 : ces artistes cherchaient de nouvelles manières de s'exprimer, moins logiques et rationnelles.

QUAND RÉEL ET IMAGINAIRE SE CONFONDENT

Tu as sûrement déjà entendu parler de réalité virtuelle et de réalité augmentée, ces technologies qui brouillent les frontières entre réel et imaginaire. Mais de quoi s'agit-il exactement ?

On parle de **réalité augmentée** quand on voit sur un écran le monde réel, auquel s'ajoutent des éléments extérieurs : des textes, des objets ou des personnages fictifs avec lesquels on peut interagir. Cette technique sert par exemple à donner aux visiteurs d'un musée des informations sur les œuvres d'art qu'ils voient en face d'eux. Utilisée dans des jeux vidéo comme Pokémon Go et SpecTrek, la réalité augmentée nous entraîne dans une chasse aux Pokémon ou aux fantômes qui surgissent sur l'écran de notre smartphone.

La réalité virtuelle, quant à elle, est un univers imaginaire dans lequel il est possible de se plonger, de se déplacer et d'interagir : les images apparaissent en relief, des sons nous environnent et l'on a le sentiment de vraiment se trouver dans cet univers pourtant fictif. Beaucoup utilisée dans des jeux à des fins de divertissement, la réalité virtuelle sert aussi à simuler des situations sans prendre de risque : elle permet par exemple d'apprendre à piloter un avion ou de s'entraîner à faire une opération chirurgicale.

ATTENTION !

Il peut être troublant d'avoir l'impression que des choses imaginaires sont réelles. C'est pourquoi si certaines activités, dans des musées, des parcs de loisirs ou des cinémas, sont adaptées aux enfants de ton âge, les casques de réalité virtuelle sont déconseillés avant 12 ou 13 ans.

Alors, un peu de patience !

La **SF** ou l'art d'imaginer d'autres mondes possibles

Et si le monde était dirigé par des robots ? Que se passerait-il si les hommes étaient immortels ? Raconter des histoires en anticipant ce à quoi pourraient aboutir les progrès scientifiques et technologiques : tel est, comme son nom l'indique, le principe de la science-fiction ou SF.

Au 19e siècle, Jules Verne fait partie des précurseurs de ce genre qui a, depuis, inspiré bien des écrivains, des auteurs de bandes dessinées et des cinéastes.

DES FILMS CULTES

RETOUR VERS LE FUTUR
de Robert Zemeckis

Quand Marty McFly et Emmett Brown montent à bord d'une voiture qui les fait voyager dans le temps, rien ne tourne plus rond !

JURASSIC PARK
de Steven Spielberg

Et si l'on recréait des dinosaures ? Le problème, c'est que cette idée, qui devait aboutir à l'ouverture d'un parc d'attraction, tourne au cauchemar.

STAR WARS
de George Lucas

En pleine guerre civile galactique, Luke Skywalker s'efforce de devenir un véritable Jedi pour combattre les forces du mal. Une épopée héroïque et fantastique.

E.T.
de Steven Spielberg

L'histoire d'un petit garçon, Elliott, qui se lie d'amitié avec un extraterrestre perdu sur Terre. Près de 40 ans après sa création, le film reste extrêmement touchant.

DES HISTOIRES QUI NOUS INTERROGENT

Inventé par l'écrivain anglais Thomas More à partir du grec, le mot **« utopie »** signifie « aucun lieu ». Il désigne la représentation d'une société idéale, parfaite.

À l'inverse, la **dystopie** décrit un monde imaginaire sombre, dans lequel le bonheur est impossible.

Dans un cas comme dans l'autre, l'objectif de l'auteur est souvent de faire réfléchir le lecteur ou le spectateur à la manière dont évolue notre société.

ET TOI, QUEL SERAIT TON MONDE IDÉAL ?

À ton tour de laisser libre cours à ton imagination ! Voici quelques questions pour te guider et t'aider à décrire un univers fantastique.

- À quoi ressembleraient les villes ? Et l'intérieur des maisons ?
- Comment se déplacerait-on ?
- Quelle serait la place de la nature dans ce monde idéal ?
- Que ferait-on pendant son temps libre ?
- Les ordinateurs et les robots permettraient-ils de faciliter la vie des hommes ? Et si, au contraire, les hommes avaient totalement disparu ?

SOLUTIONS DES JEUX ET QUIZ

PAGES 16-17

1F, 2D, 3E, 4C, 5B, 6A.

PAGES 20-21

Belgique	Allemagne
Australie	Royaume-Uni
Grèce	Finlande
Jamaïque	Afrique du Sud
Suisse	Turquie
Viêt Nam	Chine
Japon	Canada
Brésil	Portugal
Pays-Bas	Russie
Autriche	Pérou

PAGE 32

1B, 2A, 3D, 4E, 5C.

PAGES 34-35

Charade d'hiver : Couverture (cou-vert-tu-re) – **Mystère :** un timbre – **Quelle famille :** Jack (j'accélère) – **Sons mêlés :** Quel temps de cochon ! – **La maîtresse prend l'avion** – **Rémi :** son chien – **Trouve la suite :** 9. Compte le nombre de lettres qui composent le nom de chaque capitale – **Poisson rouge :** se faire un bleu – **Devine :** Plouf et aïe ! – **Un peu de logique :** une seule parce qu'ensuite, le verre n'est plus vide.

PAGE 37

Tokyo : Japon
New Delhi : Inde
Shanghai : Chine
Mexico : Mexique
São Paulo : Brésil

PAGES 54-55

1 a : Thomas Edison est l'inventeur de l'ampoule électrique, les frères Lumières du cinéma.
2 b.
3 c.
4 : la cassette vidéo que l'on regardait sur un magnétoscope.
5 a : il existait des pellicules de 12, 24 ou 36 poses. Pas question de refaire 50 fois un selfie...
6 a : dès 1850, Joel Houghton a mis au point un étrange appareil en bois qui permettait de verser de l'eau sur la vaisselle grâce à une manivelle. On lui a ensuite ajouté un moteur, d'abord au gasoil puis électrique, et en 1960 le lave-vaisselle est devenu automatique.
7 b et c.
8 c : c'est en 1994 qu'est sorti l'IBM Simon, un appareil de 23 cm de long, doté d'applications et d'un écran tactile.
9 a, b et c : les gens allaient au concert mais pouvaient quand même écouter de la musique chez eux !
10 a (ils utilisaient notamment un appareil appelé sextant) **et aussi c :** la chance était toujours bienvenue !

58, rue Jean Bleuzen - 92178 Vanves Cedex.

Dépôt légal : février 2019 - Édition 01.
Loi n° 49-956 du 16 juillet 1949 sur les publications destinées à la jeunesse.
Achevé d'imprimer en Europe par Estella en février 2019.

PAPIER À BASE DE FIBRES CERTIFIÉES

Deux Coqs d'Or s'engage pour l'environnement en réduisant l'empreinte carbone de ses livres. Celle de cet exemplaire est de :
950 g éq. CO_2
Rendez-vous sur www.deux-coqs-dor-durable.fr

10
10
?!
10
10
10
?!
10
10
10
10